L'HARMONIE

EN DIX LEÇONS,

A L'USAGE

DES PERSONNES QUI VEULENT APPRENDRE A FAIRE UN ACCOMPAGNEMENT

de Piano, de Harpe, Trio, Quatuor, etc.,

SANS FAIRE UNE ÉTUDE APPROFONDIE DE LA SCIENCE;

Par Alexandre Leymerie.

PARIS

LIBRAIRIE DE L. MAISON,

SUCCESSEUR DE M. AUDIN,

QUAI DES AUGUSTINS, N° 29.

ET CHEZ TOUS LES MARCHANDS DE MUSIQUE.

—

1843.

AVANT-PROPOS.

On trouve dans la société des amateurs de musique, principalement des dames, qui, ayant des dispositions naturelles, sont tourmentés du désir de jeter sur le papier les idées qui leur viennent.

On parvient facilement à noter une romance, une fantaisie, etc : mais il faut mettre un accompagnement dessous: c'est là que l'on s'arrête. J'ai cru leur être utile en publiant ce petit ouvrage, qui, malgré son extrême brièveté, suffira pour les mettre en état de faire un accompagnement de piano, harpe, et même trio et quatuor, sous une romance, un air varié, etc.

La méthode que j'y développe suppose la simple connaissance des principes élémentaires de musique, et celle des notes sur le clavier.

Elle sera divisée en deux parties;

La première sera elle-même partagée en dix leçons, qui renfermeront toute la méthode.

La seconde sera composée d'exemples et d'exercices destinés à fortifier les lecteurs dans l'application des principes.

Pour étudier cette méthode avec fruit, on devra faire marcher ensemble les leçons et les exercices qui leur correspondent.

L'HARMONIE

EN DIX LEÇONS.

PREMIÈRE PARTIE.

PREMIÈRE LEÇON.

DES INTERVALLES.

Un intervalle, en musique, est la distance qui sépare deux notes, en les supposant placées sur l'échelle diatonique. Il se compte de la note la plus grave à la plus aiguë. Dans la gamme, la distance de la première note à la seconde se nomme intervalle de seconde; celle de la première à la troisième, ou de la seconde à la quatrième, etc., se nomme tierce. Viennent ensuite les intervalles de quarte, quinte, sixte, septième, octave. Si l'on prolonge la gamme, on trouvera ceux de neuvième, dixième, etc., qui ne sont que la répétition des premiers à l'octave au dessus (1).

Lorsque deux notes ne sont séparées par aucun intervalle, elles forment un unisson.

Chacun des intervalles peut se présenter sous trois faces.

(Voyez l'exemple ci-contre.)

L'intervalle de seconde majeure se nomme *ton*; celui de seconde mineure forme un *demi-ton*. En partant de là, la tierce majeure vaudra deux tons, la tierce mineure vaudra un ton et demi, etc.: on trouvera de même la valeur des autres intervalles quand on en aura besoin.

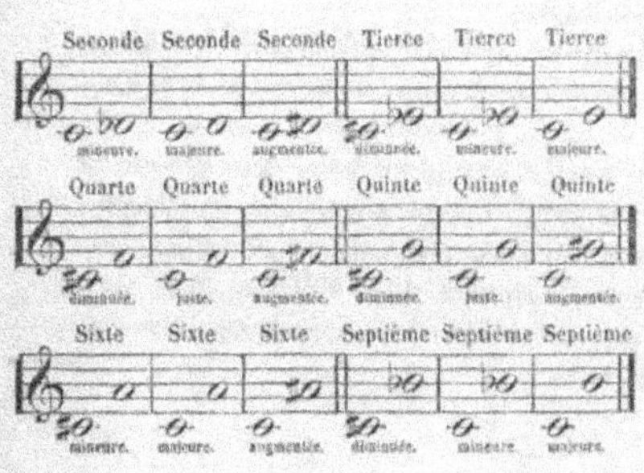

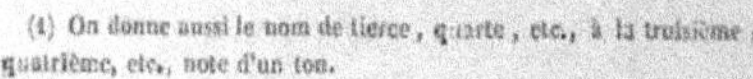

(1) On donne aussi le nom de tierce, quarte, etc., à la troisième, quatrième, etc., note d'un ton.

SECONDE LEÇON.

DES CONSONNANCES ET DISSONNANCES.

Il y a des intervalles tels, qu'en faisant résonner ensemble les notes qui les forment, l'oreille est frappée d'une manière agréable; ceux-là s'appellent intervalles consonnants, ou simplement *consonnances*. D'autres affectent l'oreille d'une manière désagréable, et se nomment intervalles dissonnants, ou simplement *dissonnances*.

Les intervalles consonnants sont la *tierce*, la *quinte*, la *sixte* et l'*octave*.

On les partage en deux classes : *consonnances parfaites* et *consonnances imparfaites*.

La première classe se compose de la *quinte* et de l'*octave*; l'autre de la *tierce* et de la *sixte*.

Les premières ont été nommées parfaites, parce qu'on ne peut les altérer sans les rendre dissonnances; les autres, au contraire, ont reçu le nom d'imparfaites, parce qu'elles peuvent être majeures ou mineures, sans cesser d'être consonnances.

La quarte, qui n'est qu'une quinte renversée, est considérée comme consonnance lorsqu'elle ne se trouve pas seule contre la basse, c'est à dire lorsqu'elle est placée entre deux parties intermédiaires ou supérieures; mais son effet est toujours moins agréable que celui des consonnances proprement dites. Elle tient, pour ainsi dire, le milieu entre les consonnances et les dissonnances.

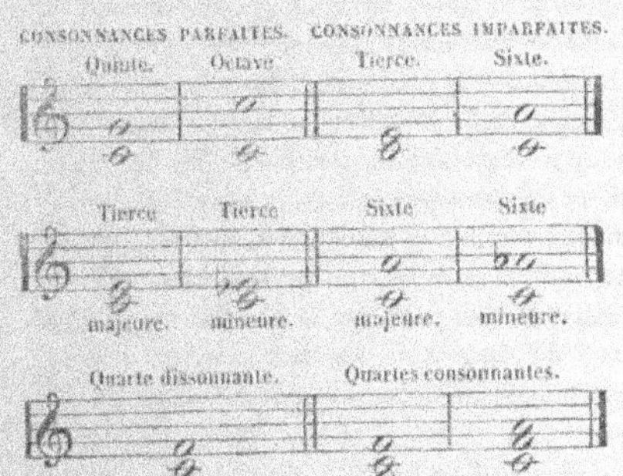

TROISIÈME LEÇON.

DES ACCORDS.

Lorsque l'on fait entendre plusieurs sons à la fois, et qu'il en résulte un effet satisfaisant pour l'oreille, on forme un *accord*; les différentes notes qui le composent s'appellent *parties*, et la plus grave de ces parties se nomme *basse*. On distingue les accords par les intervalles qu'ils renferment, et ces intervalles se comptent ordinairement à partir de la basse. Nous n'emploierons que trois accords, savoir :

L'accord parfait (majeur et mineur);

L'accord de septième dominante;

L'accord de septième diminuée;

L'accord parfait se compose de tierce, quinte et octave (*ad libitum*), en supposant que la *tonique* (1) soit à la basse, et que l'on compte les intervalles à partir de cette basse. Si la tierce est majeure, l'accord parfait est majeur; il est mineur au contraire si la tierce est mineure.

L'accord de septième dominante se nomme ainsi, parce que la note principale de cet accord est la dominante du ton, et qu'il renferme la septième de cette dominante; il se compose de tierce majeure, quinte et septième mineure.

L'accord de septième diminuée tire son nom de la septième diminuée qu'il renferme; il contient : tierce mineure, quinte diminuée et septième diminuée; il peut être considéré comme composé de trois tierces mineures (2).

ACCORDS PARFAITS

majeur.   mineur.

Basse fondamentale.

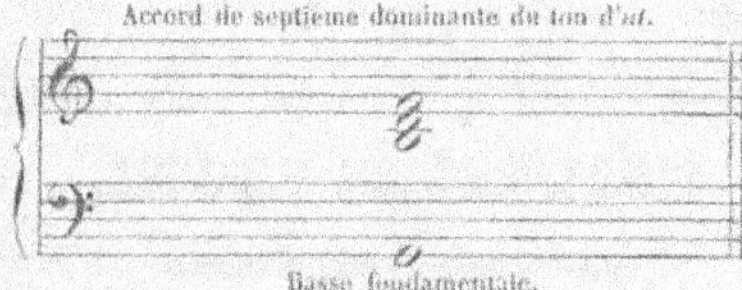

Accord de septième dominante du ton d'*ut*.

Basse fondamentale.

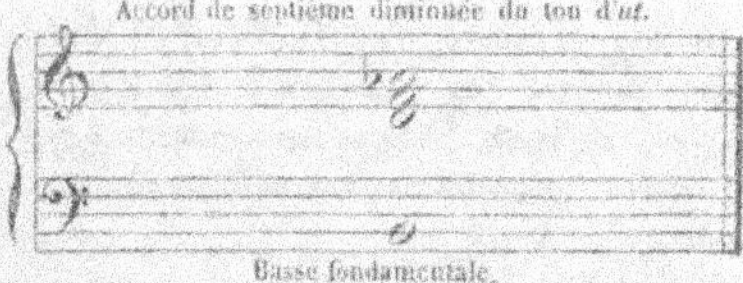

Accord de septième diminuée du ton d'*ut*.

Basse fondamentale.

---

(1) On appelle *tonique* la note principale du ton où l'on est; c'est la première note de la gamme de ce ton.

La cinquième note du ton s'appelle *dominante*;

La quatrième   *sous-dominante*;

La septième   *sensible*.

(2) Cet accord est plus particulièrement affecté au mode mineur.

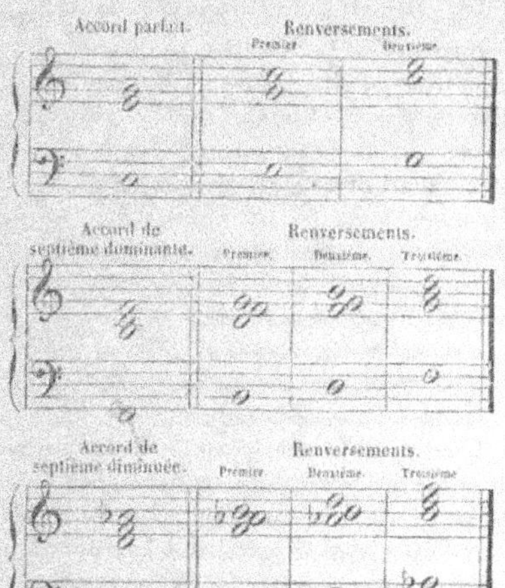

Ces deux derniers accords renferment des dissonances; aussi ne peut-on pas les faire entendre isolés; il faut qu'ils soient suivis d'un accord parfait. Chaque ton a son accord parfait, son accord de septième dominante, et son accord de septième diminuée, qui lui est propre. Le premier de ces accords se pose sur la tonique, le second sur la dominante du ton, et le dernier sur la note sensible. Nos trois accords ont donc chacun une note principale sur laquelle ils sont pour ainsi dire posés; ces notes sont la tonique, la dominante et la sensible. Lorsque ces notes sont à la basse, comme dans les exemples précédents, elles forment ce que l'on nomme la *basse fondamentale*. Les trois accords peuvent se renverser, c'est à dire que la basse peut passer aux parties supérieures, tandis qu'une de ces dernières devient basse. Pour éviter la confusion, nous ne donnerons pas de noms particuliers à ces modifications d'un même accord; ainsi les renversements de l'accord parfait seront encore pour nous l'accord parfait; de même pour les deux autres accords.

QUATRIÈME LEÇON.

MANIÈRE DE CHIFFRER LES ACCORDS.

Chiffrer un accord, c'est l'indiquer au moyen d'un signe que l'on place sur la note qui doit lui servir de basse. Nous allons donner le moyen de chiffrer nos trois accords et leurs renversements.

Si c'est l'accord parfait majeur que l'on veut poser sur la basse, on la surmontera de 1, 2 ou 3, suivant qu'elle devra être tonique, tierce ou quinte dans l'accord. Pour l'accord parfait mineur, on se servira des mêmes chiffres surmontés de m.

Accord de septième dominante.   Accord de septième diminuée.

Veut-on poser sur la basse un accord de septième dominante, on l'indiquera par le signe : $\overline{1}$, $\overline{3}$, $\overline{5}$ ou $\overline{7}$, suivant que la basse devra être dans l'accord note principale, tierce, quinte ou septième, à partir de cette note.

Pour l'accord de septième diminuée, on emploiera les signes : $\overset{\_}{1}$, $\overset{\_}{3}$, $\overset{\_}{5}$, $\overset{\_}{7}$.

CINQUIÈME LEÇON.

SUCCESSION DES ACCORDS.

Lorsqu'une basse est chiffrée, il faut poser dessus les accords indiqués par les chiffres, et arranger les parties de manière qu'un accord succède à un autre naturellement et sans choquer l'oreille. Pour parvenir à ce but, nous allons donner plusieurs règles que l'expérience a fait découvrir.

Quand deux accords se succèdent, les parties du premier peuvent marcher vers celles du second par trois mouvements :

Le mouvement direct ;

Le mouvement oblique ;

Le mouvement contraire.

Le premier mouvement a lieu quand deux parties montent ou descendent en même temps.

Le deuxième, quand une partie restant en place, l'autre monte ou descend.

Le troisième, quand les deux parties marchent en sens contraire.

Ces deux derniers mouvements, surtout le mouvement contraire, sont ceux qui offrent le plus de richesses dans l'harmonie ; ils permettent la succession de deux consonnances quelconques, tandis que, par le mouvement direct, on ne peut pas faire de suite deux consonnances parfaites. La succession de deux consonnances, l'une parfaite

Mouvement direct. Mouv. oblique. Mouv. contraire.

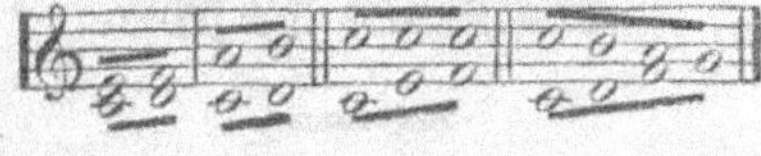

MOUVEMENT DIRECT.

Bon.   Bon.   Mauvais.

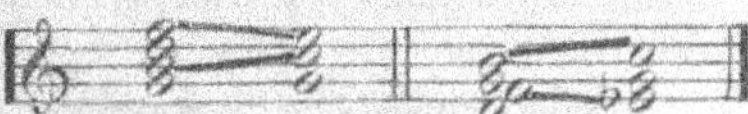

et l'autre imparfaite, se tolère dans ce mouvement ; mais on l'évite autant que possible dans les parties extrêmes.

Deux quartes de suite produisent un effet désagréable ; mais à la rigueur on peut les supporter dans les parties intermédiaires.

Un accord de septième dominante doit être suivi de l'accord parfait à qui appartient cette dominante. Dans cette succession, la note qui faisait septième dans le premier accord doit descendre d'un demi-ton, et par conséquent tomber sur la tierce de l'accord parfait [1]. Il faut aussi que la tierce du premier accord, qui est la note sensible du ton, monte d'un demi-ton, c'est à dire à la tonique. Quand plusieurs accords se suivent, il faut faire en sorte que les parties marchent le plus diatoniquement possible.

Toutes ces conditions sont souvent difficiles à remplir ; mais il vaudrait mieux supprimer dans un accord une note qui gênerait, que d'enfreindre les règles précédentes. Lorsque l'on est réduit à cette extrémité, on choisit pour note supprimée celle qui est la moins utile : l'oreille doit guider dans cette opération. Dans l'accord de septième dominante, c'est la quinte que l'on effacerait le plus volontiers.

SIXIÈME LEÇON.

DES CADENCES.

Dans un chant, il y a des repos et des demi-repos, comme dans le discours ; il faut que l'accompagnement y réponde. On le fait par les *cadences*. Nous en considèrerons deux : *cadence parfaite* et

[1] Si l'accord parfait doit être mineur, c'est d'un ton que la septième doit descendre.

Cadences parfaites.

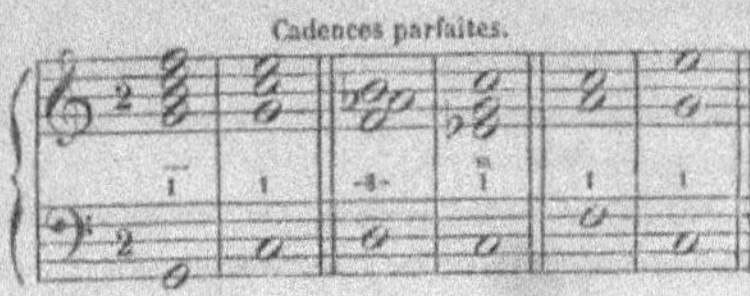

Cadences imparfaites.

cadence imparfaite. La cadence parfaite se fait au moyen de deux accords, dont le premier est ordinairement l'accord de septième dominante, et l'autre toujours l'accord parfait du ton où l'on se trouve. Dans cette cadence, la basse doit tomber sur la tonique. On peut encore faire la cadence parfaite par l'accord de septième diminuée dans le mode mineur. Cette cadence termine le sens de la phrase musicale, comme le point termine le sens d'une phrase dans le discours.

La cadence parfaite se fait encore mieux lorsqu'on fait précéder les deux accords qui la forment ordinairement de l'accord parfait de la sous-dominante.

La cadence imparfaite se fait par l'accord parfait de la tonique tombant sur celui de la dominante. Il ne termine pas le sens de la phrase musicale, il ne fait que le suspendre; il répond au point et virgule dans le discours. Cette cadence peut encore se faire par d'autres accords tombant sur celui de la dominante.

SEPTIÈME LEÇON.

DES MODULATIONS.

Il doit régner dans tout le cours d'un morceau un ton principal et unique; cependant, de même qu'un poème, pour peu qu'il eût d'étendue, deviendrait ennuyeux et fatigant si l'on n'y semait quelques épisodes, de même dans un morceau de musique, pour ne pas fatiguer l'oreille, on sort ordinairement du ton principal pour passer dans des tons accidentels, que l'on quitte ensuite pour revenir au premier : l'accompagnement est alors obligé de moduler, c'est à dire de quitter les accords du ton principal pour prendre ceux relatifs

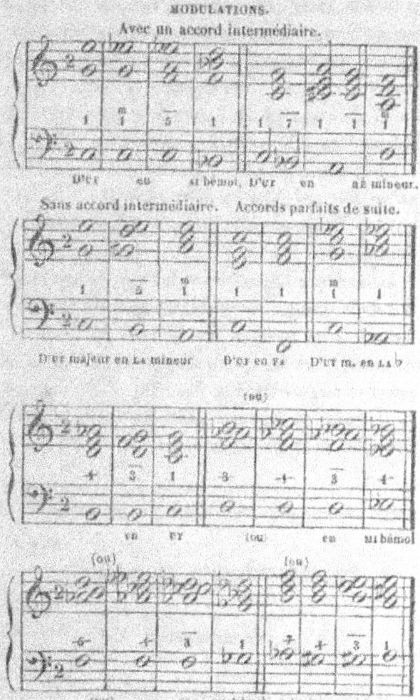

aux tons que l'on parcourt. Pour qu'une modulation soit agréable, il faut que l'accord où l'on va, ait avec celui que l'on quitte, au moins une note de commune.

Un des plus sûrs moyens que l'on puisse employer pour passer d'un ton à un autre, est de conclure de l'accord que l'on quitte celui de septième dominante du ton que l'on veut établir. La plupart du temps on n'a besoin que d'un accord intermédiaire pour arriver à cette septième dominante. Il arrive même souvent que l'on peut attaquer de suite cet accord sans intermédiaire ; souvent même l'on peut passer de suite d'un accord parfait à un autre sans aucune préparation.

L'accord de septième diminuée ayant tous ses renversements composés des mêmes intervalles (tierce mineure, quinte diminuée et septième diminuée), il s'ensuit que chacun d'eux peut être considéré comme étant relatif à un ton particulier dont la sensible est la basse de ce renversement. Ainsi, comme nous l'avons vu, l'accord (*si*, *re*, *fa*, *la b*) étant relatif au ton d'*ut*, les renversements : (*re*, *fa*, *la b*, *si*), (*fa*, *la b*, *si*, *re*), et *la b*, *si*, *re*, *fa*), sont des accords de septième diminuée relatifs aux tons de *mi b*, *sol b*, et *la* ; ce qui fait quatre tons différents qui peuvent se déduire de cet accord considéré comme leur accord de septième diminuée. On passe naturellement à ces quatre tons en baissant la septième diminuée d'un demi-ton, parce qu'alors on a l'accord de septième dominante, qui appelle le ton que l'on veut établir.

En combinant les trois accords et mettant à profit le peu que nous venons de dire, on finira, avec un peu d'exercice, par moduler d'une manière facile et agréable.

La condition la plus importante à remplir est que l'oreille soit satisfaite ; car toutes les règles possibles tendent à ce but.

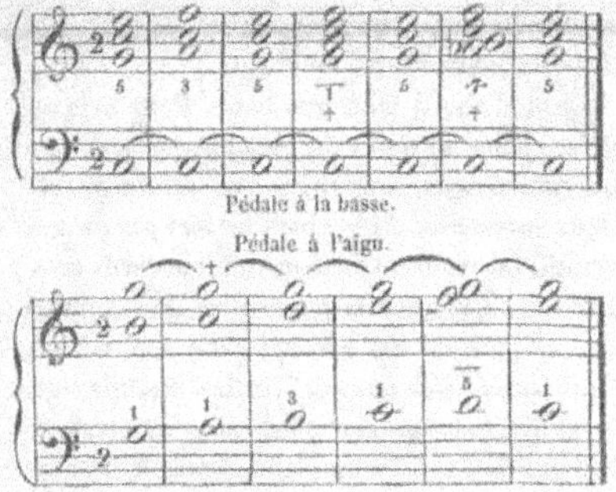

Pédale à la basse.

Pédale à l'aigu.

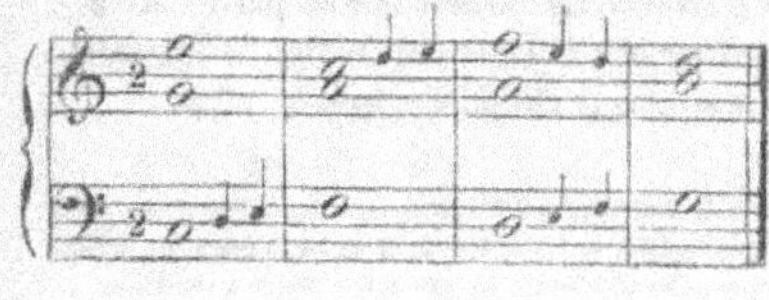

HUITIÈME LEÇON.

PÉDALE.

La pédale est une note prolongée sur laquelle on fait passer des accords qui lui sont étrangers. Nous distinguerons deux sortes de pédales : la *pédale à la basse* et la *pédale à l'aigu*.

La pédale à la basse est la plus employée; c'est alors la tonique qui est la note prolongée. Pour qu'elle ait un effet agréable, il faut que les accords qui passent dessus la contiennent de temps en temps.

La pédale à l'aigu se fait par la dominante [1]. Elle peut passer sur un accord qui ne la contient pas; mais elle doit faire partie de l'accord suivant.

Quand on devra avoir une pédale à la basse, on écrira au-dessus la partie immédiatement supérieure, et on posera sous les notes de cette partie les chiffres des accords, en la considérant comme une basse ordinaire. De cette manière, tous les accords pourront se chiffrer, qu'on ait une pédale ou qu'on n'en ait pas.

NEUVIÈME LEÇON.

DES NOTES DE PASSAGE.

Lorsqu'une partie franchit un intervalle un peu considérable, on peut le remplir par des notes de passage. Ces notes ne font que passer sur l'accord sans s'identifier avec lui. Elles doivent toujours

(1) La pédale à l'aigu se fait aussi par la tonique, et la pédale à la basse par la dominante; mais ces deux manières sont moins employées.

marcher diatoniquement, soit en montant, soit en descendant. Les règles de la cinquième leçon doivent être observées relativement aux notes de passage, lorsqu'il s'en trouve dans plusieurs parties à la fois.

DIXIÈME LEÇON.

Venons maintenant à notre but, et voyons comment nous pourrons appliquer ces principes à l'accompagnement d'un chant.

Il faut d'abord faire une basse. Pour cela on essaiera sous les notes du chant les accords que nous connaissons, sans suivre d'abord aucune règle de succession. Si le chant ne sort pas du ton primitif, on trouvera facilement les accords convenables; s'il s'en écarte pour entrer dans d'autres tons, on arrivera aux accords qui y sont relatifs d'après la méthode donnée à l'article modulation. L'oreille sera le meilleur guide dans cette recherche, qui doit se faire au piano. Ayant trouvé les accords qui conviennent, on y puisera les notes de la basse, en les choisissant de manière qu'elles se suivent le plus naturellement possible, et qu'elles forment avec les notes du chant une suite d'intervalles conforme aux règles de la cinquième leçon[1]. La basse étant écrite, on la surmontera des signes indiquant les accords que l'on doit placer dessus; ces accords sont déjà connus par la recherche de la basse.

Il faudra ensuite écrire les accords indiqués par les signes, de manière que les parties suivent, relativement à la basse, les règles de succession établies dans la cinquième leçon.

---

(1) Si la basse est connue d'avance, on cherchera au piano les accords qui doivent se placer dessus, et on les chiffrera sur la basse à mesure qu'on les trouvera. Le reste se fera comme à l'ordinaire.

On aura de cette manière un accompagnement correct en accords plaqués. Si on veut le
mettre en *quatuor*, on isolera toutes les parties,
et on les écrira chacune sur une feuille séparée;
ce qui donnera quatre parties différentes, qui seront jouées par : premier *violon*, deuxième *violon*, *alto* et *basse*. Les deux premières doivent
être écrites en clef de *sol*; la troisième en clef
d'*ut* sur la troisième ligne, et la quatrième en clef
de *fa*.

Dans les accords parfaits, qui ne contiennent
ordinairement que trois parties, on ajoutera l'octave, afin de fournir des notes à tous les instruments. Si l'accompagnement doit être en *trio*, on
supprimera, dans les accords qui contiendront
quatre notes, celle qui est la moins indispensa-
ble, ou on fera faire deux notes à la fois à un des
instruments, si c'est un instrument à cordes.

Souvent il faut accompagner avec un seul accord un trait composé de plusieurs notes; l'oreille
doit alors indiquer la note simple qui pourrait
remplacer le trait, et l'on place l'accord sous
cette note.

L'accompagnement doit avoir toujours une
marche réglée et uniforme. Le chant peut présenter des irrégularités : une note peut être alté-
rée par un dièse ou un bémol; l'accompagnement
doit conserver sa simplicité, et ne module que
lorsque le dièse ou le bémol produit dans le chant
un véritable changement de ton.

Lorsque l'on a un bon accompagnement en
accords plaqués, on peut lui donner plusieurs
formes qui le rendent plus agréable et plus bril-
lant. Les exemples que nous donnerons, et la lec-
ture d'accompagnements faits par de bons au-
teurs, apprendront, mieux que tous les discours,
les diverses modifications dont un accompagnement est susceptible.

Si l'on a bien saisi les principes qui font la base

de cette méthode, avec un peu d'exercice, on parviendra facilement à l'appliquer. Elle n'apprend pas à faire des accompagnements bien recherchés ; tant mieux ! On sait combien la science est déplacée et même nuisible dans la musique légère.

L'HARMONIE

EN

DIX LEÇONS.

SECONDE PARTIE.

EXEMPLES et EXERCICES.

Exercez cet exemple dans tous les tons majeurs et mineurs.

Chiffrez les accords suivants, sur la basse.

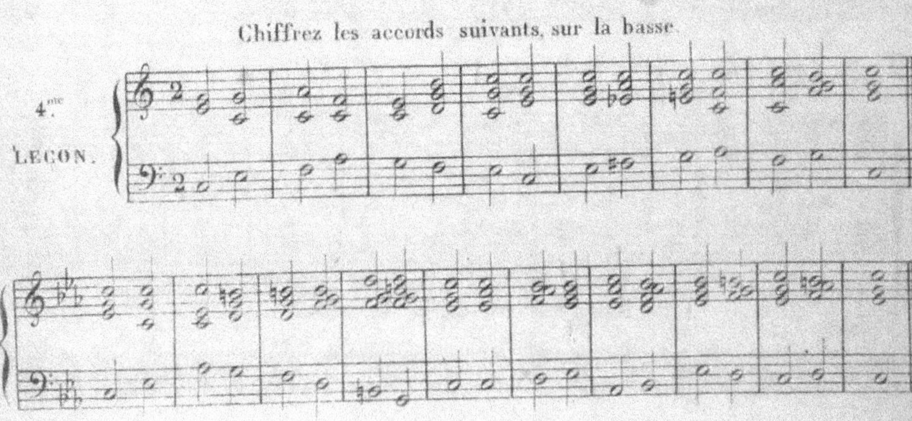

Suite de consonnances par les trois mouvements.

5.me LEÇON.

Suite d'accords parfaits.

Accords parfaits et accords de septième dominante.

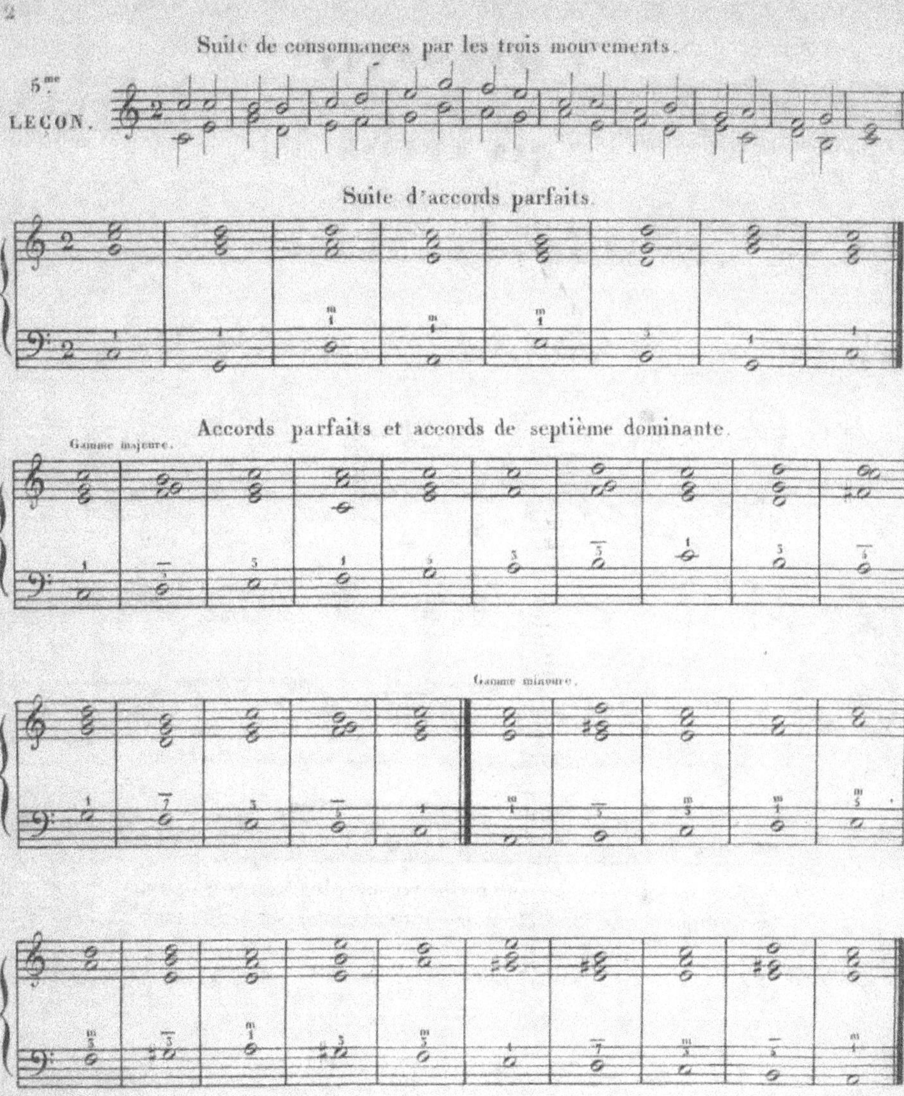

Posez des accords sur les basses suivantes.

N.º(1)

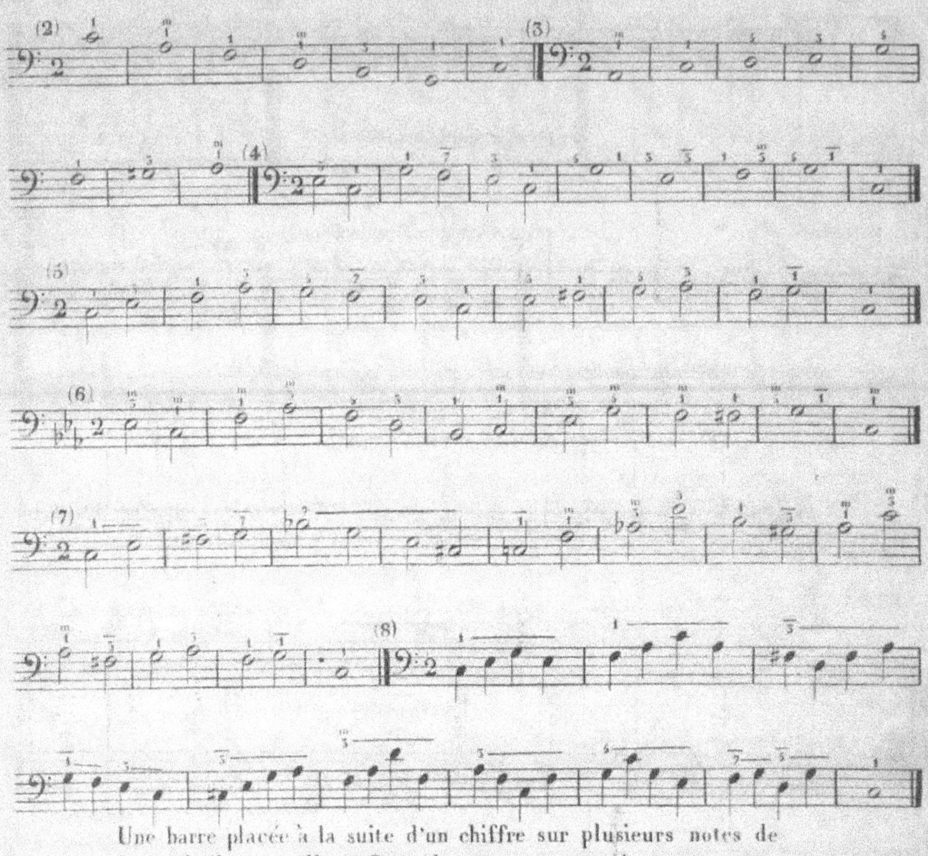

Une barre placée à la suite d'un chiffre sur plusieurs notes de
basse indique qu'il ne faut placer qu'un accord sur ces notes.

Differentes manieres d'amener la cadence parfaite

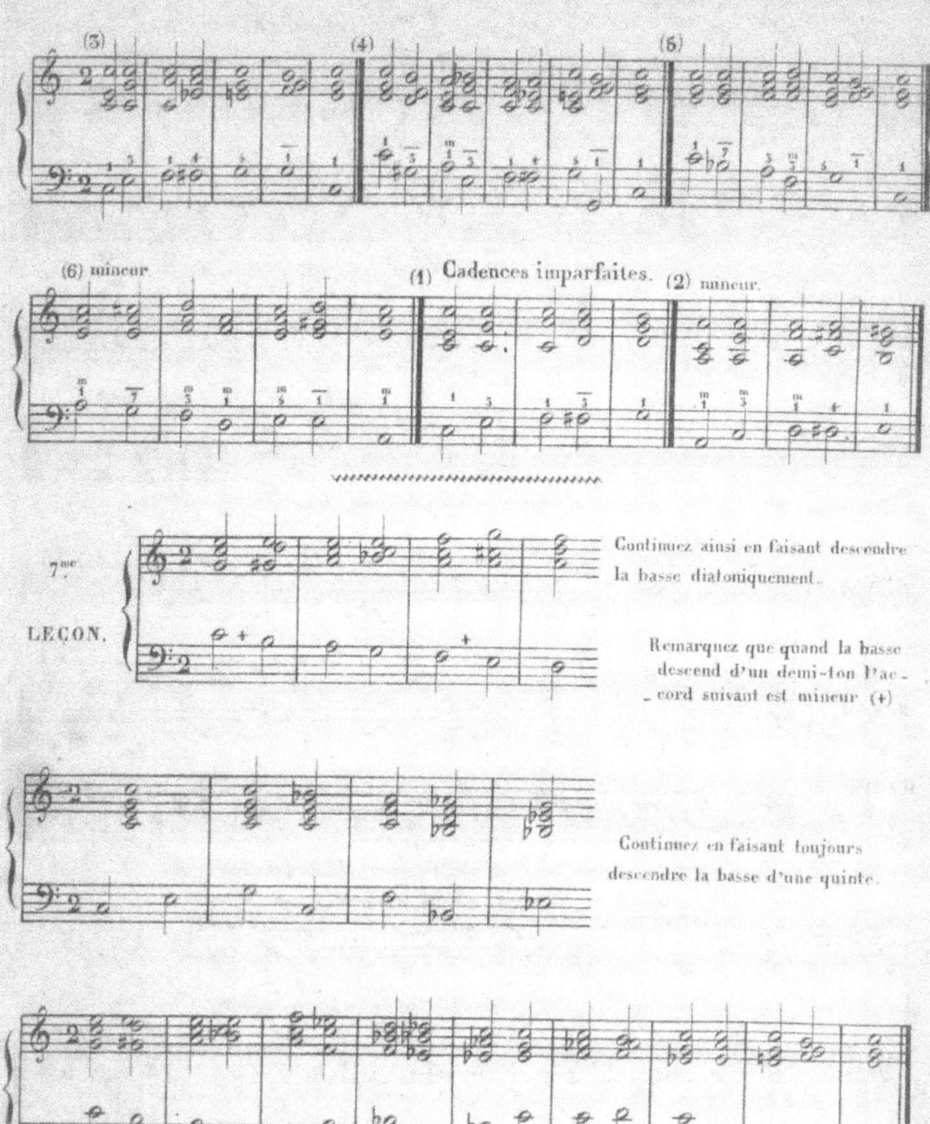

Chiffrez les accords de ces exemples et désignez toutes les modulations qui s'y trouvent.

Notes de passage dans les deux parties.
(1)
(2) Pédale à l'aigu.
8me et 9me
LEÇONS.
Pédale à la basse.
(3)
10me Leçon.
CHANT.
Accompagnement en accords plaqués.
PIANO
ou
HARPE.
Accompagnement en trio.

Accompagnement du même chant en quatuor.

Modifications des accompagnements précédents.